8° Te 66
460

ASILES PUBLICS D'ALIÉNÉS DE LA SEINE.

DE LA

RÉORGANISATION

DU SERVICE DES ALIÉNÉS

DU DÉPARTEMENT DE LA SEINE

ASILES PUBLICS D'ALIÉNÉS DE LA SEINE

DE LA

RÉORGANISATION

DU SERVICE DES ALIÉNÉS

DU DÉPARTEMENT DE LA SEINE

PAR

Le Dr H. DAGONET

Professeur agrégé de l'ancienne Faculté de Strasbourg,
Médecin en chef à l'asile Sainte-Anne.

PARIS
IMPRIMERIE DE E. DONNAUD
1, RUE CASSETTE, 1

1878

ASILES PUBLICS D'ALIÉNÉS DE LA SEINE

DE LA

RÉORGANISATION

DU SERVICE DES ALIÉNÉS
DU DÉPARTEMENT DE LA SEINE [1]

La création récente, pour le département de la Seine, d'établissements destinés au traitement des aliénés, constitue une des améliorations les plus considérables, réalisées dans le service hospitalier de ce département. Cette réforme était un progrès vivement désiré depuis longtemps, elle méritait à ce titre d'attirer l'attention publique.

De tous côtés, sous la bienfaisante influence de la loi de juin 1838, de nouveaux asiles s'étaient élevés en France, réunissant, pour la plupart, les conditions exigées par la science pour le traitement des individus atteints d'aliénation mentale. Les médecins étrangers étaient étonnés de voir

[1] Anal. d'un rapport général : la *Réorganisation du service des aliénés du département de la Seine*, par M. le Dr Girard de Cailleux, ex-inspecteur général du service. J.-B. Baillière, 1878.

Paris rester, sous ce rapport, dans un état de regrettable infériorité.

Et cependant Paris possédait les maîtres de la science, c'était à leurs savantes leçons que s'étaient formées plusieurs générations de praticiens. C'était de Bicêtre et de la Salpêtrière qu'étaient partis ces progrès remarquables qui devaient imprimer à la science de l'aliénation mentale une impulsion si vigoureuse. C'est à Bicêtre qu'a été donné le signal d'une des plus glorieuses améliorations accomplies au point de vue humanitaire. C'est là que Pinel, rompant avec des préjugés surannés et des traditions séculaires, a osé proclamer les véritables principes qui devaient être suivis pour le traitement des aliénés et a définitivement brisé les chaînes qui retenaient de malheureux malades aux parois humides de leurs sombres cachots. C'est à la Salpêtrière qu'un autre savant médecin, Esquirol, avait amassé les matériaux de son traité des maladies mentales, ce monument littéraire qui devait éclairer l'une des parties les plus obscures de la science et préparer cette loi de 1838, si sage dans les principales dispositions qu'elle a prises pour venir en aide aux infortunés atteints de l'une des affections les plus pénibles.

Mais Bicêtre et la Salpêtrière n'étaient plus en rapport avec les progrès scientifiques. Le rapport de la commission instituée, par arrêté préfectoral du 27 décembre 1860, constatait ce fâcheux état de choses.

« Bicêtre, dit l'honorable rapporteur de cette commission,
» malgré les soins apportés à l'entretien des bâtiments

» affectés au service des aliénés, présente des conditions
» matérielles contraires à un bon système hygiénique et au
» traitement rationnel de l'aliénation mentale. L'air, la lu-
» mière, l'espace manquent au milieu de ces constructions
» appartenant à toutes les époques, édifiées pour des destina-
» tions si diverses..... Tout cet amas d'anciennes prisons
» ou d'anciens hospices, mêlé à quelques constructions mo-
» dernes, qu'il a été bien difficile d'approprier à leur desti-
» nation, offre un aspect général d'incohérence et de tris-
» tesse.

» Il en est de même à la Salpêtrière où la commission a
» été frappée, comme à Bicêtre, de l'insuffisance et de la
» mauvaise disposition des bâtiments. »

Enfin on doit ajouter qu'il n'existe point, pour ces quartiers d'asile, de direction médicale, et que le projet de confier cette direction à un préposé médecin responsable, comme cela existe pour d'autres hospices en France, n'a pu être jusqu'à présent réalisé par suite de circonstances particulières.

Quoi qu'il en soit, il devenait urgent de procéder de ce côté à une réforme aussi complète que possible et nous devons reconnaître qu'elle a été obtenue grâce à l'intelligente et persévérante initiative du Dr Girard de Cailleux.

Cet honorable confrère, ancien inspecteur général du service des aliénés de la Seine, actuellement médecin en chef directeur de l'asile d'aliénés de Marsens, en Suisse, vient de réunir dans un mémoire volumineux tous les documents qui se rapportent à cette question de la réorganisation du service des aliénés de la Seine. Ce n'est plus aujourd'hui qu'une étude rétrospective, mais elle est instructive et intéressante ; l'œuvre est fondée, les asiles fonctionnent, il importe d'en apprécier le mérite et d'examiner si les idées émises ont reçu leur application, et dans ce dernier cas, quels en ont été les inconvénients ou les avantages.

M. Ferdinand Barrot, rapporteur de la commission citée plus haut, a résumé dans un travail remarquable les différentes questions qui avaient été l'objet d'une discussion préalable.

Il commence par faire remarquer que la loi de 1838 imposait à chaque département l'obligation d'avoir un établissement spécialement destiné à recevoir et à soigner les aliénés ou de traiter, à cet effet, avec un établissement public ou privé, soit de ce département, soit d'un autre département.

Cette obligation ne devait-elle pas être acceptée par le département de la Seine dans son sens le plus étendu et le plus libéral ? On pouvait même s'étonner que là où se réalisent les plus grandes choses de la civilisation, à côté de ces établissements si nombreux et si divers où chacune des misères sociales trouve un refuge, le devoir imposé par la loi de 1838 eût été sinon oublié, du moins étroitement interprété et accompli.

Le département de la Seine, par suite de l'insuffisance des places, en était d'ailleurs réduit à une mesure fâcheuse à tous les points de vue, celle de transférer la moitié de la population totale de ses aliénés dans 17 asiles étrangers au département.

Sans doute ce transfèrement se faisait d'après certaines règles déterminées, mais plus ou moins faciles à mettre en pratique ; on ne devait transférer que les individus dont l'état chronique n'admettait plus de chances de guérison, qui étaient inconnus ou délaissés par leurs familles, etc......

Ce n'en était pas moins une mauvaise mesure, qui avait pour conséquence de tristes résultats et des inconvénients de toutes sortes. Pouvait-on trouver la moitié de la population totale des aliénés remplissant bien réellement toutes les conditions exigées ? Si un certain nombre de malades ne sont pas activement visités, car avec le temps les sentiments affectifs finissent eux-mêmes par s'émousser, n'était-il pas cruel de leur donner cette triste pensée qu'ils étaient définitivement abandonnés ? Et plusieurs d'entre eux n'ont ils pas pu sentir dans quelque réveil du sentiment personnel qu'on les arrachait aux lieux connus d'eux, à la tendre compassion de ceux qui les aimaient encore et, peut-être à travers leur raison troublée, ont-ils ressenti les déchirements et le désespoir de cet exil.

En effet, ces infortunés ne pouvaient avoir à la nouvelle destination à laquelle on les conduisait aucune espèce d'attache ; étrangers à l'endroit où ils arrivaient, ils ne pouvaient compter sur le souvenir et l'intérêt de personne ; il y avait dans ce fait une tendance à l'abandon dont beaucoup de malades pouvaient encore avoir la conscience, car cette dernière faculté est peut-être, pour une certaine catégorie d'aliénés, celle qui persiste le plus longtemps au milieu du naufrage de toutes les autres. C'est en vain qu'on a cherché à vanter les avantage d'un climat loin de Paris, il y a dans cet éloignement des causes puissantes de découragement et par suite d'affaiblissement. Si Paris, en envoyant au loin ses aliénés, trouvait à les faire traiter à un prix favorable; si d'autre part la province trouvait un moyen de faire des bénéfices avec le prix relativement plus élevé des malades parisiens, ce n'en était pas moins un expédient fâcheux puisqu'il reposait sur le déplacement préjudiciable de l'individu.

Un seul remède apparaissait à cette situation : le département de la Seine devait fonder des asiles spéciaux en nombre suffisant pour recueillir ses aliénés. C'était là une mesure radicale et qui nécessitait une dépense considérable; les événements ne devaient pas permettre de lui donner la réalisation qui avait été projetée. Nous verrons plus loin si l'organisation du service des aliénés de la Seine n'exigerait pas d'ailleurs, pour être aussi complète que possible, un ensemble de mesures qui pourraient être successivement adoptées, de manière à rendre moins dispendieuses les améliorations que l'on cherche à obtenir et, particulièrement, cette suppression des transferts dans les établissements plus ou moins éloignés de Paris.

La construction de nouveaux asiles d'aliénés une fois décidée, la commission eut à rechercher à quel système d'organisation elle devait se rattacher. Au nombre de ces établissements qui avaient acquis une juste célébrité, non-seulement par son excellente tenue mais encore par l'intelligente organisation qui avait présidé à sa construction, se trouvait l'asile d'Auxerre. Il paraissait réunir les conditions les plus favorables de manière à pouvoir le proposer comme le type dont il serait le plus convenable de se rapprocher pour la création des nouveaux asiles de la Seine. Il repose en effet sur un principe essentiellement pratique pour le traitement des aliénés, le système des pavillons isolés.

Ainsi que le Dr Girard de Cailleux le fait remarquer avec beaucoup de raison dans son mémoire (p. 12), les bâtiments isolés répondent aux principales indications de la science ; ils permettent une classification méthodique et rationnelle ; c'est ainsi que l'on peut avoir des quartiers d'agités, de semi-paisibles, de faibles, de convalescents ; enfin un cinquième quartier, dit infirmerie, est affecté aux aliénés atteints de maladies incidentes.

Cette classification permet de prendre à l'égard de chacun de ces malades des dispositions générales d'hygiène et de traitement appropriées à leur état. Des galeries relient entre eux tous les pavillons épars, de manière à pourvoir aux besoins variés du service et à donner à l'ensemble l'harmonie et l'unité qui en constituent la base.

Une première question se présentait : quel devait être le chiffre de la population de l'asile ? Dans tous les asiles bien ordonnés, les catégories doivent être multipliées, soigneusement séparées et circonscrites. Dans un établissement trop populeux, ces conditions sont difficiles à réaliser et le médecin devient hors d'état d'y remplir convenablement son devoir. Les divisions intérieures d'un asile d'aliénés sont subordonnées aux exigences du traitement médical ; chaque quartier est pour ainsi dire un établissement à part avec ses conditions spéciales et exclusives ; sa population doit rester nécessairement restreinte, car le grand nombre, pour toutes ces catégories, devient un obstacle ou un danger.

On a également pensé que la réunion des deux sexes dans un même asile présentait d'incontestables avantages : non-seulement la science peut tirer un utile parti de l'étude comparative de la même maladie sur des sujets de sexe différent, mais au point de vue économique les avantages devaient être mis hors de doute. Réunis dans un même établissement, les deux sexes pourvoient facilement à tous les services et à presque tous les travaux nécessaires à leur existence commune. Un grand nombre d'asiles départementaux ont adopté cette organisation, et l'expérience constate qu'il n'en résulte aucun des inconvénients que l'on pouvait redouter.

« En se préoccupant tout à la fois du soulagement des
» malades et des progrès de la science, la commission
» des aliénés a émis l'avis qu'un asile central devait être
» fondé à l'intérieur de Paris (*mémoire cité*, p. 90), placé
» au milieu du courant intellectuel de la capitale, des-
» servi par les maîtres les plus éminents de la science,
» offrant à l'étude toutes les variétés de l'aliénation
» mentale, cet asile serait le véritable foyer de la science
» aliéniste, etc... »

Dans l'asile central, asile clinique, devaient être représentées toutes les variétés de l'aliénation mentale, les cas aigus ou récents, aussi bien que les cas chroniques dont il est utile de suivre les développements, les lésions et les transformations successives.

La clinique, nous l'avons dit ailleurs, est le seul enseignement véritablement pratique et le corollaire indispensable de l'étude théorique. L'aliénation mentale, pas plus que d'autres affections, ne saurait être soustraite, au point de vue de l'enseignement, à l'observation directe et expérimentale, et c'est avec raison qu'ont été fondées de divers côtés, tant en France qu'à l'étranger, des conférences cliniques sur les maladies mentales.

Par quelle étrange contradiction les médecins en chef de l'asile Sainte-Anne furent-ils empêchés, dès l'origine, de commencer ces conférences qu'ils voulaient établir? Faut-il en trouver l'explication dans des compétitions ardentes qui, déjà à cette époque, tendaient à désunir les efforts et venaient faire échouer les meilleures dispositions ; c'était, dans tous les cas, le moyen de nuire à la prospérité et au succès de l'institution.

Les leçons d'Esquirol, de Ferrus, de Falret, de Baillarger et de quelques autres sont restées célèbres. Tout le monde sait aujourd'hui que l'enseignement clinique des maladies ne peut avoir aucun des inconvénients que l'on redoutait autrefois. Sans doute il faut du tact, de l'habitude, de la réserve pour le choix des malades qui doivent faire l'objet de la leçon, et dont on ne saurait trop ménager la susceptibilité ; mais les aliénés, comme d'autres malades, savent parfaitement distinguer ce qui a un but utile et sérieux de ce qui est le fait d'une indiscrète curiosité; il en est d'ailleurs un grand nombre que la vue du public laisse dans la plus complète indifférence. La création d'un asile clinique ne pouvait donc manquer de contribuer à donner à l'étude des maladies mentales la place qui jusqu'à ce jour lui avait manqué dans l'enseignement officiel.

Il avait été décidé que la direction de l'asile Sainte-Anne serait confiée à un administrateur pris en dehors du corps médical. Ici nous ne pouvons qu'exprimer un regret, c'est que l'on n'ait pas songé à donner tout d'abord à l'institution le véritable caractère médical qui devait lui appartenir, en définissant d'une manière plus précise le rôle et les attributions de l'administrateur; comment se fait-il que le Dr Girard de Cailleux, qui jouissait alors d'une autorité incontestable, ne se soit pas davantage inspiré de ces sages remarques de J.-P. Falret, développées dans son livre sur les maladies mentales.

« Dans un asile d'aliénés, dit cet auteur, j'ai beau
» chercher les fonctions d'un directeur et celles d'un mé-
» decin, je ne trouve que celles d'un médecin. Place-t-on
» en des mains différentes l'action sur les choses et l'action
» sur les personnes, la direction matérielle et la direction
» morale? L'une et l'autre, selon nous, réclament l'unité
» de vues et conséquemment de pouvoir... Sans doute il y
» a tout un monde de faits relatifs aux détails matériels
de l'économie et à la comptabilité, qui sont étrangers à

» la médecine ; mais ces fonctions sont celles d'un éco-
» nome et non celles d'un directeur.

» L'action du médecin pour être efficace, doit être toute-
» puissante ; s'il existe un pouvoir rival ou supérieur et
» surtout incompétent, l'ordre de l'établissement est sans
» cesse compromis, et le malade lui-même, au milieu de cette
» division de pouvoirs, manque de l'appui qui lui est indis-
» pensable. » (J. P. Falret), *Maladies mentales*, p. 657 et suiv.)

Rien n'était donc plus facile que de ne pas créer à cette époque une fonction qui ne devait plus avoir sa raison d'être, lorsqu'il s'agit surtout d'un établissement qui renferme une population d'aliénés relativement restreinte et placé à proximité d'une administration centrale où toutes les questions viennent se décider. C'est d'ailleurs ce qui existe pour les quelques établissements, en Angleterre et en Allemagne, où le service médical doit être partagé entre plusieurs médecins en chef : telle aurait été aussi, paraît-il, la pensée de l'ancien préfet de la Seine, M. Haussmann. Il suffisait d'admettre un simple agent, délégué de l'administration et hiérarchiquement placé sous l'autorité des médecins en chef. Tout autre système ne pouvait engendrer que des abus, de regrettables conflits et une ardente aspiration à substituer une influence différente, à celle qui doit exister naturellement.

Lorsqu'une institution vient à être fondée, il faut en voir le but éloigné et lui donner aussitôt une base qui ne puisse être facilement déplacée ; on ne doit pas oublier en effet que l'institution reste et que les hommes disparaissent, et qu'une fois le principe faussé les conséquences les plus fâcheuses peuvent en résulter. Aujourd'hui plus que jamais on ne doit plus avoir d'autre souci que celui de l'intérêt public.

On a particulièrement insisté, dans le sein de la commission des aliénés, pour créer, comme annexe de l'asile central, un bureau d'admission où seraient examinés les individus amenés, soit à la suite d'un arrêté préfectoral, soit sur la demande des familles ou celle d'un tiers.

Bien des raisons militaient en faveur de cette création ; le passage et le séjour à la préfecture de police pour des malades qui n'avaient pas été arrêtés sur la voie publique, dont le placement était demandé par les familles, ne pouvaient manquer de causer la plus vive répugnance.

« Les médecins, dit le rapporteur M. Ferdinand Barrot,
» entendus dans la commission, s'accordent à dire que cette
» première et cruelle station exerce une influence quelque-
» fois funeste sur le cours de la maladie. Ils ont accueilli
» avec une satisfaction marquée le projet d'un bureau *où*
» *les admissions provisoires, pendant l'accomplissement des*
» *formalités légales,* se feraient dans les conditions que nous
» venons d'exposer. La dignité des familles et des individus
» serait plus respectée pour une hospitalité prudente et
» discrète que par cette sorte de détention, toujours équi-
» voque et blessante, dans l'enceinte d'une prison. »

Cette création d'un bureau provisoire, bureau d'examen, où les malades ne devaient être retenus que le temps nécessaire pour procéder à un premier examen et à l'accomplissement des formalités légales, était une pensée heureuse. Mais comme on l'a fort bien établi, il ne fallait pas le placer dans l'enceinte même de l'asile Ste-Anne, si l'on ne voulait pas qu'il devînt plus tard un service annexe de cet établissement. Nous ne ferons pas l'histoire de toutes les péripéties, de toutes les phases par lesquelles a passé ce bureau provisoire ; des conflits auxquels il a donné lieu, soit avec les services de la préfecture de police pour lesquels il venait en quelque sorte faire double emploi, soit avec les différents établissements dans lesquels était répartie, sous certains prétextes, telle ou telle catégorie d'aliénés; nous nous bornerons à constater que ce bureau provisoire s'est transformé en un asile réel où les malades subissent, suivant les cas, un commencement de traitement ou bien sont gardés d'une manière définitive. C'est un état de choses que devaient amener la force des circonstances et l'encombrement du service des aliénés. On comprend dès lors, si l'on voulait lui conserver dans l'avenir une organisation conforme à l'objet de sa destination, combien étaient fondées les observations critiques et les raisons qui devaient engager non-seulement à le détacher, mais encore à le mettre dans un endroit plus ou moins éloigné de l'asile central.

Les asiles extérieurs ont été placés à proximité de Paris de manière que les familles puissent visiter leurs malades sans difficultés et sans dépenses importantes. Ils sont construits sur un plan uniforme et présentent pour leur organisation une même physionomie et un caractère semblable. Ils se composent de larges pavillons, placés symétriquement les uns près des autres sur deux lignes parallèles et reliés entre eux par des galeries couvertes.

Le rez-de-chaussée contient des salles spacieuses, convenablement élevées, qui doivent servir de réfectoire et de salle de réunion. Au premier étage se trouvent les dortoirs et les cabinets appropriés pour les soins de toilette. Un préau, planté en jardin anglais et de plain pied avec les salles de réunion, est mis à la disposition des malades pour chacun des pavillons. Ce jardin est clos par des murs peu élevés et des sauts-de-loup, dissimulés par des plantations, de manière à permettre aux aliénés de profiter largement de la vue de la campagne.

Un pensionnat a été annexé à l'établissement de Ville-Evrard ; cette création offre aux familles non-seulement toutes les garanties désirables, mais elle est pour elles une ressource considérable. « Les familles appartenant aux
» classes aisées de la société, dit M. Ferdinand Barrot, ne
» peuvent pas toujours supporter le prix exigé dans les maisons privées. Il y a donc lieu de supposer que ce sera pour
» elles un avantage très-recherché que de pouvoir, moyennant des prix gradués, placer leurs malades dans des établissements organisés d'après les méthodes les meilleures,
» dirigés par les maîtres de la science, sous un contrôle
» administratif écartant tous les dangers ou tous les inconvénients d'établissements plus ou moins soumis aux calculs de la spéculation privée. »

Le D.r Conolly, en Angleterre, avait déjà fait remarquer que la classe moyenne était peu favorisée ;

« Le riche, disait ce savant médecin, quand il est frappé
» d'aliénation mentale, est entouré de tous les soins que
» peut permettre la richesse ; le pauvre peut s'adresser à la
» paroisse et être admis dans l'établissement du comté, mais
» la classe moyenne aura à souffrir longtemps avant de
» trouver des secours. La famille est abreuvée de soucis et
» n'a à attendre une asistance que lorsqu'elle sera entière-
» ment ruinée. »

La commission des aliénés s'est préoccupée avec raison du moyen de mettre en pratique l'un des éléments curatifs les plus rationnels, c'est-à-dire la vie en plein air et l'application de l'aliéné au travail, selon ses aptitudes et ses forces.

« N'est-ce pas, en effet, dit l'honorable rapporteur de la
» commission, un spectacle consolant que celui de ces
» hommes qu'on aurait laissés autrefois vivre sur eux-
» mêmes, ne rencontrant qu'eux-mêmes dans une prison
» dont les murs impitoyables leur renvoyaient sans cesse la
» pensée unique et obstinée, aliment de leur folie, et qui
» aujourd'hui, répandus dans la campagne, sous un ciel
» qui les égaie, se prennent de zèle, celui-ci pour les
» animaux dont il a la garde, celui-là pour la plante qu'il
» cultive, tous pour des choses ou pour des êtres qui ont
» besoin de leurs soins. Il semble, à les voir ainsi occupés,
» qu'ils redeviennent hommes, qu'ils s'élèvent au-dessus
» de leur état misérable par cette protection demandée à

» leur raison obscurcie. S'il n'y a pas là toujours la gué-
» rison, assurément il y a toujours le soulagement des souf-
» frances et une sorte de répit donné à la folie incurable.»

Un de nos confrères les plus distingués, membre du conseil général de la Seine, M. le Dr Loiseau, a dernièrement proposé au conseil général la création d'une colonie agricole pour compléter l'organisation de l'asile de Ville-Evrard. Cette proposition est, suivant nous, empreinte d'un caractère véritablement libéral et progressif et dénote chez cet honorable médecin une compétence réelle pour tout ce qui touche à la question des aliénés, une entière connaissance de la situation de nos asiles, des besoins urgents à satisfaire et des lacunes à combler.

Le travail est en effet reconnu aujourd'hui comme une nécessité et comme la base même du traitement des aliénés ; c'est là une vérité que l'on ne saurait proclamer trop haut ; le travail agricole est, avant tout, celui qui donne les résultats les plus satisfaisants. Cette idée, d'abord émise par Pinel, a été réellement mise en pratique par Ferrus, le premier en France ; depuis elle n'a pas tardé à être adoptée par les médecins des asiles, aussi bien en France qu'à l'étranger ; quelques-uns de ses partisans la développèrent même avec une telle ardeur, comme le dit le Dr Lentz (*Gaz. médic.*, 5 janvier 1878), que le but était dépassé ; l'on ne voulait plus voir dans la colonie agricole qu'une véritable ressource économique et non plus l'instrument destiné à venir en aide à la thérapeutique.

C'est à tort, nous le croyons, que l'on a prétendu que le

travail des aliénés ne pouvait être productif et, pour ce qui concerne les aliénés parisiens, qu'on ne saurait tirer aucun profit de leur travail parce que l'on avait affaire à une population ouvrière, et, comme on l'a dit, anti-agricole. L'expérience démontre au contraire que les malades appartenant aux professions les plus diverses se livrent avec grand profit, pour eux comme pour l'établissement, à des travaux de culture et de terrassements.

Il est d'ailleurs un fait qui ne saurait être mis en doute, c'est que le succès d'une institution, agricole ou autre, dépend avant tout de la direction même qui lui est imprimée, et beaucoup moins de certaines aptitudes individuelles comme celles, par exemple, qui se rapporteraient aux travaux agricoles.

Nous pourrions citer un certain nombre d'établissements privés ou publics, tant en France qu'en Allemagne et en Angleterre, qui ont prospéré grâce aux colonies agricoles qui leur ont été annexées. En présence de ces faits on peut se demander pourquoi l'administration n'obtiendrait pas, elle aussi, pour le département de la Seine, les résultats qui ont été réalisés ailleurs. Ce qu'il faut avant tout, c'est le choix d'un personnel qui ne soit pas imposé et des hommes de bonne volonté que les difficultés ne viennent pas décourager.

En résumé, la question de la réorganisation du service des aliénés de la Seine a subi un progrès considérable : tout fait espérer qu'elle obtiendra enfin une solution conforme à tous les intérêts; cela importe non-seulement au point de vue des finances départementales qu'elle engage de plus en plus, mais encore au point de vue de la prospérité de nos asiles et du bien-être des malheureux qui doivent y trouver d'abord les ressources nécessaires à leur guérison, et, si cela n'est plus possible, les conditions favorables à l'amélioration de leur triste situation.

Dans notre opinion, la solution de cette question est surtout comprise dans ces deux termes : d'une part, éloigner des asiles un grand nombre d'individus qui ne sont pas, à proprement parler, atteints d'aliénation mentale, mais affectés de paralysie et de démence consécutives et qui devraient être recueillis dans des hospices plus appropriés à leur triste situation ; d'autre part, favoriser le travail et particulièrement le travail agricole qui peut devenir productif, comme le prouve l'exemple d'autres établissements.

L'œuvre à laquelle M. le Dr Girard de Cailleux a présidé est donc d'une importance considérable ; à ce titre elle méritait les développements dans lesquels nous avons cru devoir entrer. Elle est perfectible comme toutes les institutions ; les quelques observations critiques que nous avons présentées n'ont eu d'autre but que de signaler les lacunes faciles à combler et les modifications que l'expérience peut avoir indiquées. Le mémoire que vient de publier cet honorable médecin et dans lequel sont consignés de nombreux documents, restera comme le témoignage incontestable des efforts qu'il a faits et de la part importante qu'il a prise à cette organisation si nécessaire et qui avait été depuis si longtemps réclamée.

Paris. — Imprimerie de E. DONNAUD, rue Cassette, 1.

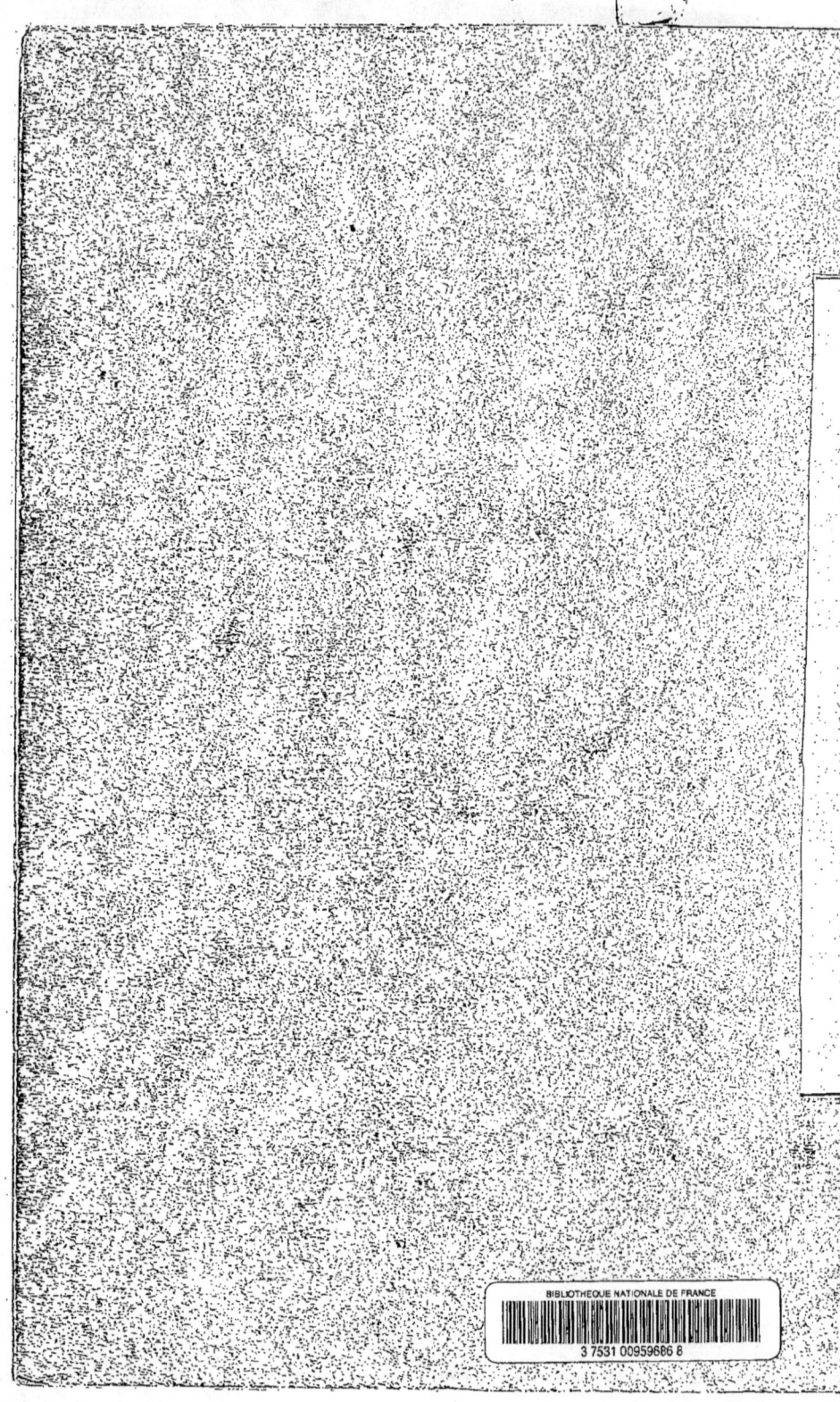

www.ingramcontent.com/pod-product-compliance
Lightning Source LLC
Chambersburg PA
CBHW060610050426
42451CB00011B/2174